44
Lb 542.

DISCOURS
ET
PRIÈRES DE TE-DEUM
POUR LA NAISSANCE

DU ROI DE ROME,

PRONONCÉS

DANS LE TEMPLE

DES CHRÉTIENS PROTESTANS DE BRUXELLES,

Le Dimanche, 9 Juin 1811, jour de la Fête Nationale;

Par J. P. CHARLIER,

Ministre du Saint-Évangile, et Pasteur-Président de l'Église de Bruxelles.

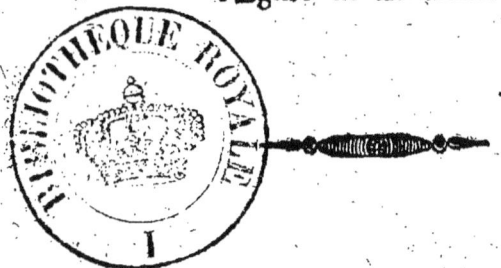

A BRUXELLES,

Chez Adolphe Stapleaux, Imprimeur-Libraire, Marché aux Herbes, n.º 286.

─────

1811.

PRIÈRE.

Bienfaiteur immortel ! Dieu de la vie, Dieu des naissances ! *la louange t'est due en Sion* et l'hommage dans le lieu consacré à ta gloire.

Tu as écouté notre prière, tu as répondu à nos supplications. *Tu as multiplié le peuple et augmenté sa joie* (1). L'ange des délivrances est entré dans la maison des Rois, il s'est tenu à côté de l'épouse de César, et elle t'a nommé son Dieu et son Sauveur.

Que ta bonté est infinie ! que ta protection sur les enfans des Gaules

---

(1) Es.

est généreuse ! C'était peu pour ton amour d'avoir formé les nœuds du plus grand des hymenées, tu as encore béni ce lien sacré, tu as fait naître à Napoléon *un puissant successeur, tu as établi un flambeau à ton Oint* (1). Les tems sont accomplis, notre *paix* est assurée, l'humanité se réjouit et les cœurs émus répètent cet antique oracle : *les nations ne tireront plus l'épée l'une contre l'autre* (2) ; *le loup habitera avec l'agneau ; le léopard et le chevreau coucheront ensemble, le jeune taureau et le jeune lion marcheront sur le même sentier, un enfant les conduira* (3).

Louanges immortelles t'en soient offertes, Seigneur ! gloire éternelle t'en soit rendue ! *Nous te présentons le sa-*

---

(1) Ps.
(2) Mich.
(3) Es.

crifice de prospérité, nous célébrons la puissance de ton nom; c'est en toi qu'est la miséricorde, elle dure à jamais. Tu es grand, ô Eternel, tout ce que tu veux, tu l'exécutes dans les cieux et sur la terre, dans les mers et dans tous les abîmes (1). L'être est en toi, la vie t'appartient, toute existence n'est qu'une image de ta gloire, un effet de ton éternelle bonté.

Pénètre-nous de ces grandes vérités dans ce jour solemnel. Donne à ton ministre de les annoncer avec dignité, avec noblesse et onction; donne à ceux qui l'écoutent, de les recevoir avec docilité et avec un pieux recueillement. Que l'idée de ta Majesté dissipe les nuages du doute et de la distraction, les obstacles de la tiédeur et de l'indifférence! Qu'aucun de nous ne sorte de ce temple, sans se sentir plus dépen-

---

(1) Ps.

dant de toi, plus fidèle au Prince que tu as établi sur nous, plus zélé pour le bien public et pour les intérêts de la grande famille!

Exauce-nous, Père céleste, pour l'amour de ton fils Jésus-Christ notre Seigneur. *Amen!*

TEXTE.

Ps. CXXXII. ℣. 11, 12, 13, 14, 15, 16, 17, 18.

L'Éternel l'a juré à David; c'est une promesse certaine, il ne la révoquera point; il a dit: je placerai sur ton Trône un de tes fils; car l'Éternel a fait choix de Sion, il a dit: j'y habiterai parce que je l'aime, je répandrai mes bénédictions sur ses denrées, ses pauvres seront rassasiés, je revêtirai ses sacrificateurs de prospérité, ses heureux habitans feront éclater leur joie par des cris redoublés; le Diadême brillera toujours sur la tête de mon Oint.

» Elevez la voix sur les montagnes, rassem-
» blez les enfans de Sion pour *chanter à l'E-*
» *ternel un nouveau cantique.* Sacrificateurs,
» préparez l'offrande de prospérité, Lévites accor-
» dez vos harpes, peuples, unissez vos vœux
» et vos prières aux nôtres. Nous allons con-
» sacrer à l'Auteur de tous biens le fils qu'il nous
» a donné. » Ainsi, Mes Frères, a parlé le Héros
que la Providence a affermi sur le Trône d'Occident et devant lequel *elle a abaissé la terre.*
Il dit et accompagné de l'épouse de son cœur,

suivi des princes de son sang, des grands de l'état, des sages de l'Empire, des ministres de sa puissance, des juges et des magistrats, il s'avance à travers les rangs de ses intrépides légions, au bruit de l'airain sacré, des foudres triomphans, aux acclamations d'un peuple immense, vers ce temple antique et majestueux, que sur les bords de la Seine la piété a élevé au Dieu des Chrétiens. Spectacle auguste et touchant! Voyez-vous le profond recueillement, la fervente dévotion, qui règne sous les voûtes solemnelles, éclairées par d'innombrables feux et resplendissantes des pompes sacrées? Voyez-vous l'onde sainte qui coule sur le front de l'héritier de CÉSAR? Entendez-vous l'hymne de la reconnaissance, qui à la voix du couple auguste retentit et s'élève vers les cieux comme aux beaux jours d'Israël les chants de Sion éclataient en présence du Roi-Prophète.

La France entière y répond. Des rives de l'Elbe aux bords du Tibre, de l'Océan à l'Adriatique, les peuples rassemblés à l'ombre du sanctuaire, proclament comme le plus magnifique des bienfaits célestes, la naissance du Roi de Rome et le rétablissement de son auguste mère.

Mêlons nos accens à ce concert universel,

prenons part à la fête de l'Empire. Déjà cette église, ne pouvant contenir les élans de sa joie, avait peu de jours après l'heureux événement, éclaté en actions de graces et en bénédictions (1). Alors la fête était purement religieuse, aujourd'hui elle est nationale et religieuse à la fois. La Fille du Ciel consacre l'allégresse publique, elle dit : écoutez sa voix, Chrétiens et Français. — *L'Eternel a fait choix de la terre des Gaulois, il répand ses bénédictions sur elle, il a juré à son serviteur de placer sur le Trône un de ses fils et le Diadême brillera toujours sur la tête de son Oint.*

La protection divine sur l'Empire et sur son Chef de nouveau manifestée par la naissance du Roi de Rome,

Protection certaine

Protection heureuse

Protection fertile en saintes obligations. Tel est donc l'objet offert par cette solemnité. Donne-nous de le peindre dans tout son éclat, esprit du Seigneur, source adorable de tout ce qui est vrai, saint et beau. Touche mes lèvres et mes accens seront dignes de ce jour et du Dieu qui l'a fait naître. *Ainsi-soit-il !*

---

(1) Te Deum célébré le 31 Mars.

PREMIER POINT.

Celui à qui seul appartient la Force, l'Empire et la Magnificence, qui tient dans sa main la destinée des Rois et le sort des peuples, qui *voit à ses pieds les Nations comme une goutte suspendue à un seau, comme la poussière attachée aux bassins d'une balance* (1) et à la volonté duquel rien ne résiste, l'Eternel protège un état, lorsqu'il le rend indépendant et respecté au dehors, tranquille et prospère au dedans; il protége un Prince lorsqu'il lui donne le courage pour vaincre et la sagesse pour gouverner; il les protége sur-tout lorsqu'il garantit la perpétuité d'un état de paix et de bonheur.

Ainsi Israël fut protégé à l'époque célébrée dans notre texte, ainsi David le fut, David cet *homme selon le cœur de Dieu* (2). La même main qui l'avait défendu de la gueule du lion, des menaces de Goliath, des embûches de Saül, de la rapacité d'Amalec, l'éleva enfin sur ce trône, où l'appellaient depuis longtems son génie, sa valeur, ses services et le vœu des douze tribus. Elle l'y maintint avec honneur et gloire pendant

---

(1) Es.
(2) Sam.

quarante-deux ans, malgré tous les efforts de l'Asie sans cesse conjurée contre lui. Philistins, Moabites, Syriens de Soba, Syriens de Damas, enfans d'Edom, fils d'Ammon, tous fléchirent devant lui et sur les bords de l'Euphrate comme sur le rivage de la grande mer, sur la cime du Liban comme sur les hauteurs du Carmel flottait l'étendard du Dieu vivant. La loi fut recueillie et respectée, des juges furent établis, le tabernacle brillait sur la colline sacrée et la harpe d'Asaph ne se taisait point dans les parvis. Mais combien cette protection devint plus éclatante lorsque le Prophète de Gad annonça au Roi que le sceptre serait héréditaire dans sa famille, *qu'après lui un de ses fils serait placé sur le trône de Jérusalem* et lorsque Salomon, *cet aimé du Seigneur,* fut accordé aux vœux de son père et aux prières du peuple !

Mes Frères ! qui ne croirait entendre un trait de notre histoire, qui ne croirait entendre le récit des faveurs célestes versées sur le Régénérateur de la France, sur le Fondateur du grand Empire? La Providence n'a-t-elle pas été constamment avec lui ? ne l'a-t-elle pas fait précéder en tous lieux par l'Ange des victoires ? N'a-t-elle pas enchaîné la tempête, détourné le fer des assassins et confondu les fureurs de l'infernale machine ? N'a-t-elle pas conduit l'homme de sa droite de succès en succès sur le Trône de Charlemagne et dissipé les projets de l'Europe cinq fois liguée contre lui comme *le vent d'orient dissipe les nuages?* (1) Répondez Alpes majestueuses, plaines de l'Italie, pyramides de Memphis, bords du Jourdain, palmiers du Mont-Tabor; répondez port de Fréjus, palais de la Capitale, neiges du Saint-Bernard, cités du Danube, champs d'Austerlitz et d'Iéna, rives de la Vistule et du Niémen, de l'Ebre et du Tage? Et toi France, terre fertile et paisible, dis-nous comment il t'a rendu et tes mœurs et ton culte et ta gloire et ton repos, dis-nous le code des lois fier de porter son nom, l'autel relevé à sa voix, la liberté des consciences proclamée, la sûreté publique établie sur les routes solitaires, au sein des forêts comme au milieu des cités les plus vastes et les plus populeuses. Pénétrée de reconnaissance, tu demandais au Ciel un gage de la perpétuité de ton bonheur; le Ciel sourit à l'Auguste hymenée et le Roi de Rome nâquit.

C'est ici le doigt de Dieu. L'existence n'émane que de lui. Seul il la possède dans son sein, seul il peut la communiquer au dehors. La créature n'a qu'une vie d'emprunt, le bras du Tout-

---

(1) Ps.

Puissant la tient suspendue sur l'abîme du néant. Sait-elle comment s'allume l'éclair de l'existence, sait-elle où sont les sources de l'Etre ? Quelle puissance sur la terre a pu sauver les dynasties et les familles dont l'extinction était résolue avant tous les siècles ? Quelle humaine prévoyance a pu prédire avec certitude le sexe de l'Auguste Enfant vers lequel se portaient les vœux de la France et de l'Europe ? Tu l'avais fixé dans tes décrets éternels, Souverain des Cieux, arbitre des événemens ! *Que l'insensé dise en son cœur :* le hazard règne, le destin domine; nous savons que le hazard n'est rien et que tu es tout; nous savons qu'absolu dans ton essence comme dans ta volonté, tu n'admets aucune borne, Être Suprême et Infini; nous savons que la création ne respire qu'en toi et que devant ton intelligence adorable l'aveugle destin s'évanouit comme les ombres de la nuit fuyent et disparaissent au grand jour. Tu as voulu perpétuer l'œuvre de ton serviteur, tu as voulu transmettre son esprit d'âge en âge et sa puissance de siècle en siècle, *tu as béni sa maison* (1) *et son Trône sera permanent comme le soleil* (2). *L'Eternel seul est Dieu. Il a fait choix* de l'héri-

---

(1) Sam.
(2) Ps.

tage des Francs ; *il a dit : je l'aime, je répandrai mes bénédictions sur ses denrées, ses pauvres seront rassasiés ; je revêtirai ses sacrificateurs de prospérité, ses habitans feront éclater leur joie par des cris redoublés.*

Protection heureuse. C'est le sujet de notre second article.

SECOND POINT.

Ici l'allégresse publique a déjà tout dit. Jamais elle ne parut plus intime, plus durable, plus universelle ; jamais elle ne s'est montrée avec autant de ferveur, de transport, d'enthousiasme. Aux premiers accens de l'heureuse nouvelle un cri de joie part des bords de la Seine et en peu d'instans arrive aux grandes cités de l'Empire et jusqu'aux rivages de la Méditerranée. Le bronze tonne, l'airain frémit dans les airs, l'hymne des louanges retentit, la nuit brille de feux multipliés. Habitans des villes, habitans des campagnes, magistrats, guerriers, citoyens, ministres des autels, ministres de la justice, propriétaires, manufacturiers, artisans, époux, épouses, jeunes gens, hommes faits, vieillards, tous répètent avec attendrissement : *le Roi de Rome est né*, un nouveau siècle commence.

Avec quelle solemnité cette allégresse éclate en ce jour ! Quelle pompe dans les temples ! quel mouvement dans les places publiques ! Quelle joie, quel appareil de fête, quel concours immense et quels transports unanimes ! Mais aussi quels motifs de bénédiction, quels sujets de ravissement !

L'Empire déjà si honoré, entouré de nouveaux respects, l'étranger le considérant avec admiration comme le voyageur s'arrête devant le mont sourcilleux qui, le front inondé de lumière, s'élève au-dessus de la région des orages; le repos du continent assuré pour des siècles, les liens de la grande fédération resserrés; la crainte des guerres civiles, des dissentions intestines, des déchiremens politiques éloignée et bannie ; le règne de l'ordre et des lois plus stable ; la confiance plus intime, l'industrie plus active ; la science couronnée d'un nouvel éclat, la religion d'une nouvelle splendeur, la conscience d'une nouvelle garantie; les graces et les bienfaits, les encouragemens et les récompenses, les secours et les faveurs descendant du Trône comme la rosée du matin qui rafraîchit les vallons ; une longue suite de Héros portant le sceptre d'Occident, les siècles remplis de l'influence de NAPOLÉON; au son de sa voix les ports animés, les voiles victorieuses déployées, l'Océan libre, la Terre en paix, et pour comble de bonheur, la nature parée des plus riantes couleurs, du soleil le plus brillant, de la plus fraîche verdure, surpassant l'espérance des vieillards *et les roues de son char versant l'abondance sur les cabanes du berger, sur les champs du cultivateur, sur les côteaux du vigneron. O Dieu, que ta bienveillance est précieuse! Les fils des hommes sont en sureté à l'ombre de tes ailes* (1). Qui ne t'adorerait avec transport, qui ne te servirait avec ferveur?

Protection fertile en saintes obligations. *Le Diadême brillera toujours sur la tête de l'Oint du Seigneur.* C'est ce qui nous reste à développer.

TROISIÈME POINT.

Les fêtes consacrées par la religion, doivent en porter le caractère. Elles doivent unir aux élans de l'allégresse, les hommages de la foi et le dévouement de l'amour. Chaque bienfait est un lien de vertu, chaque grace un motif de sainteté.

Entrons donc Chrétiens, dans les vues du divin Bienfaiteur. Rendons à celui par qui tout est et tout subsiste et qui vient *de faire resplendir sur nous la clarté de sa face* (2) rendons au Père céleste amour pour amour, affection

---

(1) Ps.
(2) Ps.

pour

pour affection, marchons dans ses voies avec une ardeur infatigable, *ôtons du milieu de nous tout ce qui est impur et souillé.* Honorons l'Éternel par une piété sans fanatisme, un zèle sans amertume, une justice sans dureté, une charité sans faiblesse, une tempérance sans farouches austérités.

Citoyens de l'Empire, *rendons constamment à César, ce qui appartient à César.* (1) Entourons de notre fidélité celui que le Très-Haut a environné de sa puissance et sur lequel il vient d'imprimer à la face de l'univers le sceau de sa bienveillance et de sa grâce. Secondons les vues du Héros Libérateur, déposons sur l'autel de la patrie l'offrande qu'il réclame et montrons-nous dignes de cette brillante prospérité, que sous les auspices du ciel, il nous prépare lorsque les mers affranchies ne verront flotter de l'un à l'autre pôle que des pavillons amis. Faisons des vœux pour l'Empereur, pour sa Compagne auguste, et pour le jeune Prince, héritier de leur nom et de leur puissance.

Oui, soyez bénis dans le sanctuaire, Souverains magnanimes, que la bonté céleste a couronnés de gloire et d'amour. Que le gage de votre tendresse soit et demeure le gage de votre félicité ! qu'il vive, qu'il croisse et s'élève comme l'arbrisseau planté sur les bords d'une onde pure et échauffé des rayons de l'aurore ! Que réunissant au génie de NAPOLÉON l'ame de MARIE-LOUISE, il se montre toujours digne de vous et du premier Trône de l'Univers !

Et toi, Enfant auguste et chéri, lien de vingt peuples différens, dont les futures destinées reposent sur la tête, garant de prospérité et de gloire, Roi de Rome, reçois nos vœux. Que le Dieu, *de la part duquel tu es venu*, que le Dieu de bonté, de grâces et de fidélité *soit ton père et que son bras ne se retire jamais de toi !* (1) *Que son esprit de sagesse et de paix* (2) te protège, te guide et te préserve des écueils de la séduction, des dangers de la mollesse, des poisons de la flatterie, des perfidies de la corruption ! Enfant de la France et de l'Europe, remplis l'attente des peuples, deviens l'effroi des pervers, la récompense des justes, le père de l'orphelin, le protecteur du pauvre, le défenseur du faible, la ressource et la joie du malheureux. Premier-né de NAPOLÉON ! marche sur les traces de ton père, écoute ses

---

(1) Sam
(2) E

leçons, conserve et perpétue son œuvre, et que le jour de ta naissance soit pour toi, pour nous et pour nos derniers neveux un jour de salut, de paix et d'éternelles bénédictions! *Amen.*

PRIÈRE.

Daigne, Seigneur Dieu! accomplir les hautes destinées que ta miséricorde nous a promises, daigne ratifier les vœux exprimés en ta présence. Ne permets pas, que l'espoir que tu fais naître en ce jour s'efface ou s'affaiblisse; ne permets pas, que le peuple français se montre un seul instant insensible à tes faveurs; qu'il mérite de nouvelles graces, qu'il se distingue par ses vertus, sa piété et son dévouement comme tu l'as distingué par ta protection et tes bienfaits.

Roi des Rois, Seigneur des Seigneurs, continue d'être avec ton serviteur NAPOLÉON, notre Empereur, avec l'Impératrice son épouse et avec toute la Famille impériale. Répands sur l'Empereur et Roi les conseils de ta sagesse, les effets de ta puissance, les témoignages de ton amour. Qu'heureux de se voir revivre dans un successeur qui conserve son ouvrage, il l'achève glorieusement avec ton assistance, et que son règne s'écoule comme un beau jour dans la saison des fleurs!

Soutiens les forces de la Fille des Rois, de la

mère commune des Français. Que le bonheur embellisse ses pas et acquitte la terre !

Bénis le Roi de Rome, héritier de l'Empire que ta puissance a fondé et raffermi. Garde son innocence, grand Dieu; fais-la croître avec son âge, prends son cœur entre tes mains, et que rien ne corrompe en lui les présages de la félicité du monde ! *Qu'il ne respire que la crainte de ton nom, que la justice et la vérité soient sa ceinture, que les nations recherchent ce rejetton précieux et qu'il devienne un étendard de paix pour le peuple des Iles !* (1)

Sois avec ton église, Dieu de vérité ! sois avec le troupeau que tu as recueilli dans ces parvis et avec le consistoire auquel tu l'as confié. Que la religion de ton Christ instruise, convertisse et console la terre par une piété douce et agissante, par un zèle prudent, éclairé, charitable ! que toutes les communions chrétiennes vivent ensemble dans ta crainte et dans ton amour ! qu'elles se respectent, qu'elles s'aiment et qu'elles marchent d'un pas commun vers la commune patrie !

Qu'en ce beau jour l'allégresse retienne les pleurs des infortunés, des pauvres, des malades,

---

(1) Es.

des affligés. Parle à leur ame, Dieu des délivrances et des consolations, et que soutenus par un doux espoir, ils participent à la joie de ton peuple!

Puisse la terre entière y répondre, puisse-t-elle t'offrir du couchant à l'aurore un spectacle digne de toi, ô *notre Père qui es aux Cieux*, etc.

TE-DEUM,
CHANTÉ EN MUSIQUE.

CHŒUR.

Louange à l'Éternel ! gloire au maître du monde !
Devant lui prosternés exaltons son amour.
Qu'aux accens de nos cœurs les cieux, la terre et l'onde
Par des transports heureux s'unissent en ce jour !

Retentis en Sion, voix de reconnaissance,
Le Seigneur a béni la terre des Gaulois.
Chantez, peuples, chantez ; lève ta tête ô France,
L'Eternel t'a donné l'héritier de tes Rois.

RÉCITATIF.

L'Infini c'est son nom ; le monde est son image,
La raison le reflet de son éternité.
La chûte du torrent, la volonté du sage,
  Rentrent dans son immensité.

Aux plaines de l'Ether ainsi que la poussière
Il sema les soleils et leur cortège errant,
Il embaume la fleur, enflamme la lumière,
  En l'homme élève un front brillant.

Aux Rois il départit le sceptre, la couronne,
Aux Héros la victoire, aux guerriers la valeur.
De son bras éternel il affermit le Trône,
  Qu'a rétabli son serviteur.

AIR.

Envain l'esprit borné s'élance
Au-dessus du séjour mortel ;
Qui peut comprendre l'Être immense,
Qui peut pénétrer l'Eternel ?
Aux pieds de son trône invisible,
L'aveugle sort est enchaîné.
Il veut et tout devient possible,
Il dit et l'Univers est né.

DUO.

Trois fois heureux le cœur qui te connaît, qui t'aime
Eternel, Dieu vivant, Esprit majestueux !
Pour lui la paix descend et sa douceur extrême
Par delà tous les tems l'égale aux bienheureux.

Nous t'adorons Seigneur ! reçois de notre hommage
Le Tribut mérité ; nous ne cherchons que toi.
Seconde nos efforts, et ton nom d'âge en âge
Respire dans nos chants, anime notre foi.

AIR.

Tel qu'en un secret vallon
Sur les bords d'une onde pure
Croit à l'abri de l'Aquilon
Un jeune lis, l'amour de la nature,
Qu'ainsi l'auguste enfant de tous les dons des cieux
Soit revêtu dès sa naissance ;
Que du méchant l'abord contagieux
N'altère point son innocence !

Que ton esprit, Dieu de bonté,
L'Esprit de paix, d'intelligence,
Dans les routes de l'équité
Dirige un jour les pas de sa puissance !
Qu'il soit l'amour des peuples d'Occident,
Le digne héritier de son père,
L'appui des bons, la terreur du méchant,
La douce image de sa mère !

CHŒUR

Arbitre du destin ! Seigneur et Roi suprême
Protège l'Occident, sois avec l'Empereur.
Bénis l'Impératrice et qu'un bonheur extrême
Répandu sur leurs pas, acquitte notre cœur !

Que l'Ange de la paix sur la terre habitable
Descende plein d'amour, qu'il parle à l'Océan !
Que les fils de ton Christ dans un accord durable
T'offrent de leurs vertus le spectacle touchant !

FIN.

www.ingramcontent.com/pod-product-compliance
Lightning Source LLC
Chambersburg PA
CBHW060928050426
42453CB00010B/1910